ÉTUDE

HISTORIQUE ET POLITIQUE

SUR LES

ANCIENS PARTIS

PAR

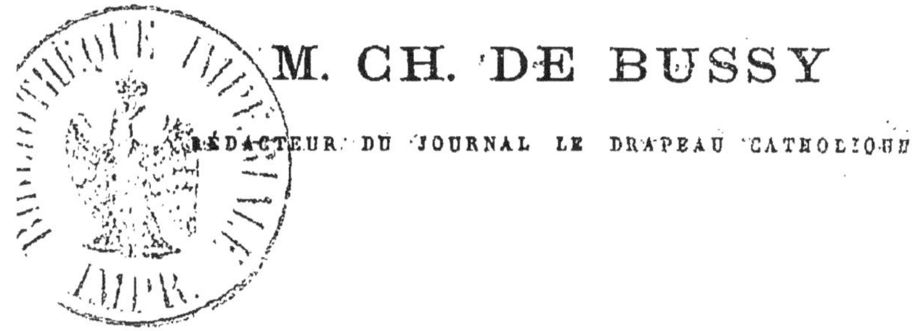

M. CH. DE BUSSY

RÉDACTEUR DU JOURNAL LE DRAPEAU CATHOLIQUE

PARIS

LEBIGRE-DUQUESNE FRÈRES, ÉDITEURS

16, RUE HAUTEFEUILLE.

1860

IMPRIMERIE RENOU ET MAULDE
RUE DE RIVOLI, 144.

LES ANCIENS PARTIS

I

Le parti légitimiste a été longtemps le parti national en France.

Nul principe, durant des siècles de gloire, ne fut plus populaire et plus digne de l'être.

Ce sont nos rois qui ont constitué notre nationalité sur des bases de granit, et qui nous ont fait une patrie grande, forte et respectée.

Au point de vue politique, la légitimité a droit, comme souvenir, au pieux respect de tous les gens de bien ;

Au point de vue social, de tous les conservateurs de la société ;

Au point de vue religieux, de tous les chrétiens.

La légitimité a bien mérité de l'histoire et de la patrie.

Elle fut méconnue et renversée le jour où elle ne sut ni se défendre ni comprendre les nouveaux besoins des peuples.

La première fois, après l'assassinat du vertueux, mais faible Louis XVI, elle fut remplacée par la République, forme de gouvernement impossible, et odieuse au génie national, profondément monarchique, catholique et anti-socialiste.

Sur les débris du vieux monde brillait une ère nouvelle; une régénération universelle était imminente; mais le torrent des passions vint confondre toutes les espérances de la France.

Fatiguée par les agitations incessantes de cet esprit de réforme, d'une essence si mobile, qui use toutes les constitutions les unes après les autres, sans s'arrêter à rien, sans rien fonder, la nation française voyait les temples profanés, le culte aboli, la vertu égorgée, le vice et le crime triomphants, l'autorité anéantie, ses ressources épuisées.

Effrayée au dedans par des insurrections continuelles, inquiète au dehors, car l'ancien régime s'avancait, imprudemment appuyé sur la coalition étrangère, la France pouvait craindre d'être engloutie dans l'abîme des révolutions.

Mais Dieu veillait sur elle : il la soutint au bord du précipice. Du sein du désordre surgit un homme, le plus grand des temps anciens et des temps modernes, auguste représentant des idées nouvelles, flambeau des principes immortels de la loi du Christ. Son génie s'élevait à la hauteur de toutes les situations ; il envisageait le but providentiel assigné à l'autorité. C'était le Messie politique et social du XIXe siècle: Napoléon Bonaparte.

Ce vaste génie, rayonnant sur le sol français, apaisa les dissensions, rétablit l'ordre et l'harmonie dans l'administration, dans la justice, dans les finances, partout enfin.

Il promulgua le Code civil, arche sainte de l'égalité légitime, monument durable par la solidité de ses matériaux, le plus magnifique, a dit

M. de Cormenin, par la simplicité de ses divisions, le plus unitaire par la fusion de tous les systèmes du droit coutumier et du droit civil.

Par le concordat, il réconcilia le clergé, il réédifia les temples.

Enfin, il mit un terme à l'exil des proscrits, tâchant ainsi généreusement de fondre les vieux partis dans le grand parti national; dans le but de réconcilier la France avec l'Europe, il rétablit la noblesse, et la grande nation fut heureuse de porter sur le trône l'illustre guerrier qui avait dompté la *jacquerie* et noyé les souillures du jacobinisme dans des flots de gloire.

La mission de Napoléon Ier fut d'abord française; elle devint humanitaire. Ses conceptions foudroyantes, ses immortels travaux embrassèrent le monde: ces trésors, amoncelés au milieu de guerres incessantes, exposés au grand jour, témoignent aujourd'hui de la prodigieuse fertilité de cette intelligence supérieure.

III

Jaloux de rechercher le type de cette organisation merveilleuse, des écrivains se sont plu à comparer Napoléon à Alexandre, à Annibal, à César, à Charlemagne, à Charles XII, à Cromwell, à Turenne, à Condé ; habiles à ménager des similitudes, des points de ressemblance, ils ont été plus ou moins heureux dans ces parallèles, fruits de leur imagination.

Nous nous garderons de les suivre dans cette voie. Napoléon n'imita aucune des illustrations des temps passés : il fut lui ! Le cachet de son originalité se révèle en tout et partout.

La royauté dite du *Droit divin* et des privilégiés n'existait plus ; il fonda la monarchie populaire, la dynastie napoléonienne.

A une époque nouvelle, il fallait un homme nouveau.

Cet homme fut placé par la main de Dieu au commencement du XIXe siècle.

Malgré ses fautes, la lumière dont Napoléon Ier fit jaillir les rayons sur le monde, l'éclaire encore aujourd'hui dans la route qu'il parcourt, pour continuer sa marche glorieuse dans la voie de la civilisation chrétienne.

IV

Napoléon Ier tomba trahi.

Les Bourbons furent restaurés par l'étranger : la patrie humiliée ne put l'oublier.

Profondément religieux, hommes honnêtes, ils manquèrent d'adresse et de fermeté, — comme Louis XVI.

Ils se défièrent de la nation et ne surent pas combattre la Révolution comme elle doit l'être. Foncièrement bons, mais lamentablement aveugles, ils laissèrent la bourgeoisie et son chef Louis-Philippe, fils d'un régicide, escamoter leur trône.

Quant à consulter le peuple, le *parti orléaniste*

n'y songea même pas, dans son ambition sans scrupule. Aussi fut-il renversé dix-huit ans après, et l'usurpation hideuse de la *vile multitude* remplaça l'usurpation décente, rasée et gantée des bourgeois.

Les démagogues pillèrent les Tuileries, Neuilly, le Palais-Royal, et furent vus, le soir, comptant le prix du butin dans leurs doigts mal lavés et encore teints de sang.

— « Tiens! s'écria un gamin en voyant mettre le feu à Neuilly, voilà les républicains qui mettent le progrès au château! »

Le *Progrès !* la *Réforme!* c'est sur ces *dadas*, rossinantes du parti centre gauche, que chevauchait M. Odilon Barrot.

1848 éclate : d'orgueilleux manants, fiers de leurs crimes couronnés, qui conduisaient hier deux rosses à un franc l'heure, se prélassent dans des carrosses volés, et écrasent le peuple souverain tout couvert de boue.

Quant aux d'Orléans, on aurait pu leur dire cette parole de la sultane Aïaka à Boabdil :

« — Pleure maintenant comme une femme un royaume que tu n'as pas su défendre comme un homme. »

Hier encore, nous n'avons point dit autre chose à l'ambassadeur des Deux-Siciles, qui refusait nos épées, — comme si Garibaldi était un Napoléon !.....

V

Le gouvernement du parti orléaniste, que la République nous fit regretter, était un gouvernement matérialiste, immoral et sans principes.

C'était le gouvernement des égoïstes ; son origine était impure, sa chute imminente.

Rien ne dure de ce qui s'élève contre l'Eglise !...

Ce gouvernement opprimait l'Eglise ; il nous avait livrés, nous jeunes gens, à une université incrédule, immorale et corrompue qui chercha à nous dépraver, à faire de nous des républicains et des rationalistes. Elle nous a appris à honorer Brutus, Voltaire, Rousseau, Béranger, tous les révolutionnaires, et à mépriser la Religion.

C'est pourquoi l'orléanisme tomba ignominieusement comme ignominieusement il s'était élevé.

Alors une poignée d'hommes se nommèrent *gouvernement provisoire*, et se permirent de proclamer la République sans consulter la nation, et sans égards pour ses vieilles et nobles traditions monarchiques. C'étaient :

Lamartine, un phraséologue ;
Ledru-Rollin, un faux Danton ;
Et les autres :
Le marchand d'huiles Garnier-Pagès ;
Le faux bonhomme Dupont (de l'Eure) ;
Les faux ouvriers Albert et Louis Blanc ;
Le sténographe Flocon ;
L'embastilleur Marrast ;
Pagnerre, libraire de la démagogie ;
Barthélemy Saint-Hilaire, un faux savant du collége de France ;
Le petit père Crémieux ;
Arago, un astronome démocrate ;
Enfin, Marie, l'avocat du *National*.

On vendait déjà les portraits de ces hommes ; ils avaient des têtes hideuses, à l'exception de Lamartine et d'Arago, mal à l'aise en cette compagnie.

Ces personnages sans mandat régnaient à l'Hôtel-de-Ville. Quelle honte pour cette grande nation !

VI

La cupidité sans bornes des républicains n'était égalée que par leur incapacité politique.

Tout le monde gouvernait ; les révolutionnaires étaient tout-puissants, les honnêtes gens étaient attérés.

On plantait de force, dans les rues, des arbres dits *de liberté*, qui interceptaient la circulation.

On ouvrait les portes de la prison de Saint-Lazare aux filles de joie et aux voleuses, au nom du *peuple souverain* ;

On obligeait les paisibles habitants à illuminer en signe d'allégresse pendant qu'on les dépouillait ;

On créait *l'impôt des quarante-cinq centimes ;*

On envoyait une bande de vauriens pour infliger la république à la Belgique catholique et royaliste ;

On publiait des bulletins farouches, rédigés par des tribuns ivres et des *bas-bleus* habillés en hommes, par des avocats violets et des courtisanes qui s'étaient installées au pouvoir, où ils donnaient le spectacle de toutes les cupidités, de toutes les luxures et de toutes les extravagances, riant entre eux, le verre à la main, de ce peuple imbécile qui souffrait qu'ils fissent ainsi en son nom.

On faisait des discours au Luxembourg, à l'Hôtel-de-Ville ; des discours, et pas un seul acte honnête, généreux, patriotique !

Le gouvernement provisoire distribuait des armes et l'argent du peuple à Mazzini et autres *bravi* des sociétés secrètes, afin qu'ils allassent porter la guerre civile dans toute l'Europe.

Ces *condottieri* n'y manquèrent pas, et ce furent ces armes-là que nos soldats trouvèrent contre leurs poitrines quand, quelques mois après, le prince Louis-Napoléon les envoya, au nom de la France catholique, délivrer les Romains du joug des barbares communistes, et restaurer Sa Sainteté Pie IX !...

A chaque heure, c'étaient de nouvelles *manifestations*, de nouveaux désordres, de nouveaux attentats.

On démolissait, on démolissait sans construire, car le crime a beau faire, il peut couvrir le sol de ruines et l'arroser de sang, il ne fonde rien !

On créait les *ateliers nationaux*, nouveau prétexte pour mettre le Trésor au pillage ; on envoyait des énergumènes en province pour installer la République, et, pour représenter la France à l'étranger, des hommes tarés et jusqu'à des marchands de luxure !...

Des tas de *réformateurs*, les poches pleines de

programmes socialistes, le poignard et le fusil au poing, l'injure et le blasphème à la bouche, se ruaient sur la société avec ces rires cyniques et sans pitié qui n'appartiennent qu'aux démons de la révolution, futurs démons de l'enfer.

En présence de ce carnaval sanguinaire, de toutes ces passions féroces excitées et encouragées par les clubs et la presse démocratique, était-il possible à un honnête homme de conserver aucune illusion sur la révolution, toujours la même, et de demeurer républicain ?

Quelques-uns l'essayèrent ; c'est pourquoi, dans les journées de juin, on entendit crier : *Vive la république !* des deux côtés des barricades.

Mais les *vrais* républicains, les républicains *logiques*, étaient derrière ; ceux-là comprenaient la République telle qu'elle doit l'être, c'est-à-dire démocratique et sociale, la république de Robespierre, de Marat et des communistes.

VII

Des bandes rappelant la Terreur hurlaient : *Vive la République ! vive Caussidière ! vive Louis Blanc !* pillaient les châteaux royaux et les maisons particulières. Nous l'avons dit, les *clubs* appelaient le peuple à l'athéisme et au carnage, au sac de la société.

Toutes ces violences sacriléges, toutes ces fureurs n'étaient que la mise en action des enseignements de la tribune, du journalisme, de la comédie, de la chanson, du libelle et de la chaire universitaire ; c'était l'œuvre des libres-penseurs, des écrivains, des politiques, des professeurs bravant l'honnêteté et la morale, des *beaux esprits*, des romanciers, des historiens et des histrions révolutionnaires, des *gais compagnons*, comme ils s'appellent, ces matérialistes, ces héros à jamais déshonorés de l'insurrection et de l'athéisme. On y voyait bien aussi la main de Luther et de Calvin, de tous les hérétiques, en un mot, de tous les révoltés.

Eh bien ! malgré ses fureurs, la révolution de 1848 fut moins infâme encore que celle de 1830 ; elle ne pilla pas, comme le *libéralisme philosophique*, l'archevêché de Paris, crime plus horrible que les plus horribles crimes, *abomination de la désolation*, selon l'énergique parole de l'Ecriture.

A chacun la part de solidarité qui lui revient dans les forfaits révolutionnaires.

Le *libéralisme* n'est pas moins impitoyable dans ses persécutions contre notre sainte mère l'Eglise que le *jacobinisme* lui-même.

Fait bien significatif : au commencement du règne de Louis-Philippe, un voltairien, la magistrature libérale et rationaliste avait fait enlever l'image de Dieu des tribunaux. Les élèves de Voltaire se conduisent, vis-à-vis de la religion, comme ceux d'Hébert et de Marat !...

Les traits caractéristiques de la révolution, quelle qu'elle soit, c'est l'athéisme, le ridicule et l'impuissance.

La chute du gouvernement de 1830 par les barricades était logique, puisqu'il s'était élevé par et sur les barricades.

Et qui ne verrait pas, dans cette usurpation humiliée, la main de la divine Providence, serait bien aveugle !

Il y a là une haute leçon pour les nations catholiques, c'est qu'on n'édifie pas solidement un trône sur des barricades et sur le rationalisme.

Tel est l'enseignement religieux qu'il convient de tirer de ces événements.

Le sac des Tuileries, en 1848, fut le châtiment du pillage de l'archevêché en 1830.

Las enfin de ces infamies et de la misère qui en était la conséquence naturelle, cette génération s'est jetée dans les bras de Napoléon III, comme autrefois nos pères dans ceux de Napoléon Ier.

VIII

S'il restait encore des républicains et des socialistes pour combattre, nous serions là pour prouver contre eux ce que nous avançons; mais il n'y en a plus.

Où sont donc tous ces fiers *patriotes* qui devaient, si l'on touchait à leur infâme Constitution, mettre tout à feu et à sang?

On y a touché; un courageux Bonaparte l'a déchirée sous leurs yeux, aux applaudissements de toute la France enfin rassurée.

Il ne reste plus que M. Victor Hennequin, l'auteur de *Sauvons l'humanité*, se disant secrétaire de la Terre, dont l'*âme* lui dicte des brochures phalanstériennes.

Pitié! tant qu'ils semblent avoir conservé leur raison, les combattre est un devoir; mais quand l'aliénation mentale est chez eux à ce point déclarée, la loi de l'honneur et la charité commandent le silence.

Mais aussi il faut montrer du doigt aux jeunes gens ces malheureux insensés, pour qu'ils voient dans quel état lamentable la démocratie et le socialisme peuvent plonger un homme intelligent. Oh! démence de l'orgueil! châtiment cruel! éternelle leçon pour tous ceux qui seraient tentés d'abandonner leurs propres affaires pour se mêler de *régénérer l'humanité!*

IX

Le peuple français n'est pas *légitimiste*, parce qu'il ne sait pas ce que ce mot signifie ; il n'est ni *républicain* ni *orléaniste*, parce qu'il comprend, par des expériences humiliantes et douloureuses, ce que veulent dire ces deux mots.

Il ne connaît pas assez les légitimistes ; il connaît trop les républicains et les orléanistes.

Que cette situation soit la faute des partis, on doit le croire ; dans tous les cas, le fait existe ; le nier, c'est nier le soleil en plein midi.

Ceux qui ont fait cette situation doivent se résigner à la subir ; les autres l'acceptent franchement.

Le peuple français est napoléonien, parce qu'il aime la justice et l'honneur.

Il aime la liberté et le progrès, mais les véritables, non la *liberté révolutionnaire*, c'est-à-dire la licence; non le *progrès révolutionnaire*, c'est-à-dire le retour à la barbarie et au paganisme.

Il veut la liberté catholique et le progrès catholique, la liberté de la prière et de la charité, la sainte liberté du bien, la liberté sacrée du juste.

Par progrès, le parti napoléonien, — si le mot de parti peut être employé ici, — disons mieux, le peuple français, entend par progrès la marche possible vers le bien, le beau et le juste suprême.

— « Mais la liberté! » nous dira-t-on.

Certes, la liberté est une belle chose, c'est un bien précieux; il est seulement dommage qu'elle dégénère si souvent en licence. Et puis, il est un bien qui passe avant la liberté même, c'est la sécurité. La sécurité est le premier besoin de toute société.

D'ailleurs, en France, on parle très-bien de la liberté, mais on s'en sert fort mal ; et, somme toute, on y tient bien peu. Quand on ne l'a pas, on la rêve à pleine âme ; dès qu'on la possède, on l'avilit et la souille.

On oublie trop que si la liberté est l'exercice d'un droit, c'est surtout l'accomplissement d'un devoir. Et alors, que voit-on à la fin des secousses ? La démagogie promenant sa tyrannie débraillée sur le monde.

Comme chrétiens, beaucoup applaudirent au coup d'État, car c'était une garantie pour l'Église contre les menaces des anarchistes pour 1852.

Un publiciste catholique l'écrivit à un légitimiste de ses amis :

« Tout ce qui se fait contre les pratiques, contre les doctrines et les institutions révolutionnaires, de quelque façon qu'on s'y prenne, et quelque nom qu'on y mette, tout cela est bon. L'acte du 2 décembre est contre-révolutionnaire ; vous y devez applaudir. Il vous place dans une position infiniment plus avantageuse et plus forte que celle où vous étiez; vous pouvez, dans le régime qu'il a créé, servir votre pays de la manière la plus honorable et la plus efficace, sans blesser aucunement vos convictions..... »

Après donc l'acte contre-révolutionnaire du 2 décembre, auquel devaient applaudir tous les chrétiens, tous ceux qui, en dehors des partis, veulent la paix et la sécurité, tous ceux pour qui le meilleur gouvernement est celui qui laisse l'Église libre et forte, il fut dans la logique des choses de donner l'Empire au descendant de Napoléon Ier.

Son règne est assez fécond déjà en grandes choses, y compris les guerres de Crimée et d'Italie, qu'il ne put éviter, l'honneur national étant engagé.

Et nous avons personnellement d'autant plus de mérite à l'avouer, que nos sympathies sont bien plutôt acquises aux Russes et aux Autrichiens, qu'aux Turcs et aux Italiens.

Le gouvernement de Napoléon III peut assurément soutenir la comparaison avec beaucoup d'autres.

Son génie a donné à l'industrie, au commerce, aux arts, aux sciences et aux lettres, un libre essort.

La démagogie vaincue;

La patrie pacifiée;

L'ordre raffermi;

La Papauté restaurée;

L'extension des affaires;

Le développement des travaux;

L'achèvement des grandes lignes de chemins de fer;

L'achèvement du Louvre;

La continuation de la rue de Rivoli;

Le percement des boulevards nouveaux;

La construction des halles centrales;

La transformation du bois de Boulogne et du bois de Vincennes ;

L'embellissement et l'assainissement des cités ;

L'amélioration du sort des classes laborieuses ;

La révélation des ressources extraordinaires du crédit ;

Le drapeau national planté en Crimée, en Chine, dans la Kabylie ;

La neutralisation de la mer Noire ;

L'Italie affranchie et confédérée ;

La prépondérance de la France dans les conseils de l'Europe ;

Tels sont les bienfaits d'un règne à peine commencé ;

Tels sont les prodiges accomplis par S. M. Napoléon III.

X

En résumé, le *parti légitimiste*, composé d'hommes infiniment honorables, ne peut songer, comme chrétien et conservateur de l'ordre social, à demander le succès à l'agitation.

Le *parti républicain* et *socialiste* a prouvé sa profonde immoralité et son incapacité non moins notoire; ses rêves sont impraticables, ses moyens criminels, le but qu'il poursuit odieux au pays.

Le *parti orléaniste* n'a pas su se maintenir au pouvoir; d'ailleurs, il ne reposait pas sur des bases populaires; il exploitait la nation au profit de son égoïsme bourgeois.

Les honnêtes gens, les gens censés, les patriotes que comptait ce parti, n'ont plus conservé aucune illusion.

Ils savent que la France est lasse des révolutions, des agitations, des troubles, et qu'elle entend garder le gouvernement qu'elle s'est librement donnée, car elle a soif d'ordre, de tranquillité, d'autorité; elle veut travailler et prier en paix, et marcher au progrès légitime et durable d'un pas sûr.

Le peuple napoléonien sait parfaitement que c'est toujours la masse honnête et laborieuse qui est la victime suprême des révolutions.

Cette vérité n'est pas nouvelle. Rappelons-nous la comédie des *Chevaliers* d'Aristophane. C'est une satire politique qui, à part quelques noms à changer et quelques allusions à modifier, peut s'appliquer indistinctement à tout gouvernement démocratique radical, quelle que soit l'époque et quel que soit le pays. Dans cette comédie, Aristophane représente le peuple sous la figure d'un vieillard imbécile ; et, pour que personne n'en ignore, il l'appelle *le bonhomme Peuple*.

Peuple est entouré de parasites et de courtisans qui se disputent ses bonnes grâces : c'est à qui le flattera, le caressera, le dupera. Pour le moment, un certain corroyeur, nommé Cléon (c'était le démagogue le plus en crédit), est le favori de Peuple ; mais l'un des ennemis de Cléon, un aristocrate, imagine de combattre Cléon par ses propres armes, et à ce démagogue d'opposer un autre démagogue.

Il avise un charcutier et lui fait entendre qu'il pourrait bien, s'il le voulait, supplanter le corroyeur. Rien n'est plus comique que la scène où le nouveau prétendant vient, avec de belles paroles, chercher à prendre dans le cœur du bonhomme Peuple la place qu'occupait Cléon ; celui-ci ne veut pas se laisser éconduire, et tous les deux font auprès du maître assaut de protestations et de promesses.

Le charcutier. — Il y a longtemps que je t'aime, Peuple, que je veux faire ton bonheur, moi et une foule d'autres gens de bien ; mais ce coquin-là nous en empêche.

Cléon. — Je suis le bienfaiteur du Peuple.

Le charcutier. — S'il n'est pas vrai que je te chéris, ô Peuple! qu'on me fasse cuire en fricassée.

Cléon. — T'aimer plus que moi, Peuple, est-ce possible? Jamais tu n'eus un défenseur plus dévoué, je le jure sur ma tête.

Le charcutier. — Tu prétends l'aimer, et tu le vois depuis huit ans logé dans des tonneaux, dans des trous, dans des poulaillers, et tu l'y enfermes sans pitié, etc., etc.

Nous regrettons de ne pouvoir citer toute la la scène, car jamais on n'a représenté sous de plus vives couleurs le honteux manége de ces faux amis du peuple, qui l'accablent de flatteries et de caresses pour capter sa faveur, et qui, pour arriver au pouvoir, prodiguent les promesses les plus impossibles à réaliser. Au lieu de Cléon, mettez Robespierre ; au lieu du charcutier, mettez Marat : la scène est aussi vraie pour la France que pour Athènes.

Paris. — Imprimerie Renou et Maulde, rue de Rivoli, 144. — 11268.

www.ingramcontent.com/pod-product-compliance
Lightning Source LLC
LaVergne TN
LVHW020253230826
846091LV00006B/2389

9782011752529